AF259589

QUELQUES MOTS

SUR

LA VULGARISATION

DU

LANGAGE DES SIGNES

Par V-G. CHAMBELLAN 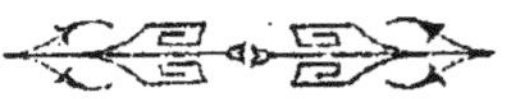

PROFESSEUR EN RETRAITE DES INSTITUTIONS NATIONALES
DES SOURDS-MUETS DE BORDEAUX ET DE PARIS,
L'UN DES VICE-PRÉSIDENTS DE LA SOCIÉTÉ CENTRALE
D'ÉDUCATION & D'ASSISTANCE POUR LES SOURDS-MUETS
EN FRANCE, RECONNUE D'UTILITÉ PUBLIQUE,
PRÉSIDENT DE L'ASSOCIATION AMICALE DES SOURDS-MUETS

PARIS

CHEZ L'AUTEUR, 61, BOULEVARD SÉBASTOPOL

—

1887

QUELQUES MOTS

SUR

LA VULGARISATION

DU

LANGAGE DES SIGNES

Par V-G. CHAMBELLAN

PROFESSEUR EN RETRAITE DES INSTITUTIONS NATIONALES
DES SOURDS-MUETS DE BORDEAUX ET DE PARIS,
L'UN DES VICE-PRÉSIDENTS DE LA SOCIÉTÉ CENTRALE
D'ÉDUCATION & D'ASSISTANCE POUR LES SOURDS-MUETS
EN FRANCE, RECONNUE D'UTILITÉ PUBLIQUE,
PRÉSIDENT DE L'ASSOCIATION AMICALE DES SOURDS-MUETS

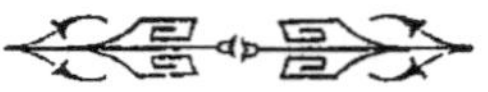

PARIS

CHEZ L'AUTEUR, 61, BOULEVARD SÉBASTOPOL

—

1887

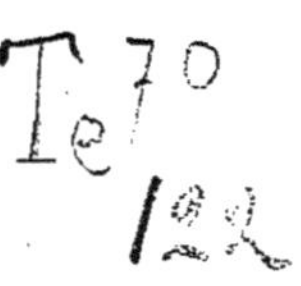

La Vulgarisation du Langage des Signes serait un Progrès de plus.

Il y a quelque temps, j'ai signalé le langage mimique comme le moyen le plus efficace pour développer les facultés intellectuelles et morales des sourds-muets, tout en reconnaissant les avantages que l'articulation procure à un petit nombre d'entre eux. Il serait oiseux d'y revenir. Mais on me prend pour un avocat fanatique de la pantomime ; on oublie qu'elle est la peinture vivante de la pensée. Parlant aux yeux, elle rend à peu près les mêmes services que la parole s'adressant à l'oreille.

A notre époque, où toute question d'enseignement est remise sur le tapis, les hommes qui sont au pouvoir se trouvent embarrassés à propos de celui des sourds-muets. Certaines familles, ayant des enfants muets de naissance, demandent qu'on leur enseigne la parole, après avoir entendu prononcer quelques mots à des enfants privés de l'ouïe. On va jusqu'à se plaindre au ministre ; on lui désigne telle institution où la mimique est, — ce qui est inadmissible, — radicalement abolie, tandis qu'elle est tolérée dans les écoles de l'Etat ; on l'accuse d'encourager la routine. Animé d'intentions bienveillantes, le ministre ordonne que des études soient faites en vue d'adopter un autre système. Mais on ne saurait procéder avec trop de prudence : le mieux est, dit le proverbe, le plus souvent ennemi du bien.

Non contentes de discréditer le langage des signes, plusieurs personnes pensent que le sourd, incapable de prononcer le moindre mot, n'est qu'un idiot. Quel jugement ! Ont-elles réfléchi avant de le porter ? Autant vaudrait dire que l'aveugle ne veut pas voir. Ce langage, que Descartes ne croyait possible que dans le pays des romans et dont s'empara l'abbé de l'Epée, est, à l'heure actuelle, un peu parlé partout : il est employé par le malade auquel le silence est recommandé, par les étrangers d'idiome différent qui se rencontrent, par celui qui compatit au malheur de ses semblables condamnés au mutisme ; l'orateur lui-même ne dédaigne pas d'y recourir ; il frappe l'esprit, il émeut où émerveille ; il a le privilége d'effacer la surdité la plus complète et de réintégrer le muet le moins intelligent dans la dignité de citoyen.

Supposons qu'il soit supprimé. Toute communication sera impossible entre le sourd-muet illettré et les autres hommes ; le sourd-muet même instruit ne pourra se faire comprendre de son interlocuteur en se tenant à distance. Comment, dans l'obscurité, les sourds-muets causeraient-ils entre eux, si les signes, transmissibles par le toucher, étaient interdits? Evidemment, on les séquestrerait de tout commerce et, la nuit venue, ils seraient comme ensevelis.

Avant d'aller plus loin, examinons par quelles voies la méthode orale pure est parvenue à la notoriété qu'elle possède aujourd'hui. Tout d'abord, on a présenté au public quelques sourds, triés au volet, prononçant assez distinctement quantité de phrases et paraissant lire sur les lèvres. Les personnes, qui voulaient donner à cette méthode droit de cité, ont répété à diverses reprises ces séances afin de chercher à lui créer un courant d'opinion publique favorable.

On sait que le public s'enthousiasme pour les choses généreuses; il s'est dit qu'un moyen d'enseignement qui supprimait les muets, qui les mettait en état de s'entretenir avec leurs concitoyens, comme s'ils entendaient et parlaient, était une belle œuvre, et méritait tous les encouragements du Gouvernement.

Dès lors, le courant d'opinion désiré était obtenu; il allait augmentant peu à peu, si bien que cette méthode orale pure est devenue la méthode officielle.

Actuellement, dans les cérémonies solennelles, on montre des élèves qui parlent passablement, et le public croit que tous les autres parviennent au même résultat.

Hélas! il n'en est rien. Sur quinze jeunes gens, par exemple, trois, quatre tout au plus arrivent à prononcer d'une façon assez satisfaisante. Encore faut-il qu'ils soient exceptionnellement doués, ou qu'ils aient entendu jadis. Quant aux autres, il est impossible de les comprendre, et on se garde bien de les faire voir.

Dans les écoles, les professeurs, pour communiquer avec les meilleurs élèves, font, en prononçant les mots, des mouvements de lèvres très-marqués, très-accentués. Mais, à leur sortie des institutions, lorsque les jeunes sourds-muets se trouvent en contact avec leurs concitoyens, peuvent-ils se servir avec fruit de la parole? Peuvent-ils, par ce moyen, échanger leurs pensées et saisir celles d'autrui? Je n'hésite pas à le dire, bien peu le peuvent.

Pour comprendre un sourd parlant, il faut être habitué à sa manière de prononcer, qui varie d'un individu à un autre, à son timbre de voix qui présente autant de diversité que d'individus, en un mot, le connaître déjà.

A son tour, on voudra répondre au sourd. Dans ce but, il sera nécessaire d'avoir recours aux mouvements des lèvres si exagérés dont je parlais tout à l'heure, que tout le monde peut faire, mais que tout le monde ne sait pas bien faire, faute de quoi le sourd ne devinera ce qu'on lui dit.

Je mets au défi qu'on me montre en moyenne un sourd-muet sur cinq, même un sourd-muet sur dix, prenant part à une conversation suivie non-seulement avec des étrangers, mais même avec des connaissances.

Que signifie une méthode qui sert à si peu d'individus ? Par cela seul, elle est condamnée. Mais, dira-t-on, elle développe l'intelligence bien mieux que la mimique. C'est une erreur profonde. Le muet ne comprend que par signes les principales idées abstraites, et il y a autant, si ce n'est plus, d'idées abstraites que de concrètes. Qu'est-ce qu'une instruction bornée exclusivement aux idées concrètes ? Ce n'est pas même une demi-instruction : ce n'est rien. Et puis, comment faire entrer les idées morales dans la tête du muet ?

J'ai eu occasion d'interroger des élèves enseignés par la nouvelle méthode. Ils étaient bien moins instruits que ceux formés par l'ancienne. D'un autre côté, on a vu un groupe de ces enfants, jouant sous l'œil d'un maître adversaire du langage mimique. Ils remuaient les lèvres et la langue. On n'entendait que des cris confus, s'entre-croisant. Pauvres enfants, ils ne se doutaient pas qu'ils fissent pitié !

Nombre d'instituteurs parlants pensent, comme moi, que les signes sont utiles, indispensables. Mais ils ont une consigne, et ne peuvent élever la voix. D'ailleurs, quand on a rendu officiel l'enseignement des sourds-muets par la méthode orale pure, a-t-on pris l'avis du corps professoral ? Non, on a chargé un fonctionnaire

de l'administration centrale, ne vivant pas avec eux
et ne les connaissant que superficiellement, de tran-
cher une question aussi grave. Certes, je rends hom-
mage à sa bonne foi. Il est à regretter que les conclu-
sions de son rapport aient été contraires à la méthode
séculaire qui, jusqu'ici, a produit d'excellents résul-
tats. Les congrès, tenus en France et à l'étranger, au-
raient bien fait d'inscrire en gros caractères sur la
porte de leurs séances : Toute réforme doit être mûrie
et, pour réussir, être dictée par l'expérience.

Les avis émis dans un intervalle de soixante-dix
ans, — je ne vois pas l'utilité de remonter plus
loin, — par des maîtres français qui ont blanchi dans
la pratique de l'enseignement de ces infortunés, et qui
les ont aimés, sont d'un grand poids, et ne nous per-
mettent pas de douter de leur sincérité. Ceux qui ne
sont plus, crient du fond de leur tombe avec ceux qui
leur survivent : Du bon sens, point de folle utopie.

Je renvoie donc le lecteur à :

1º BÉBIAN, 1817, *Essai sur les Sourds-Muets et le
Langage naturel*, pages 13, 14, 15, 16 ; 1819, *Eloge
de l'Abbé de l'Epée*, pages 1, 2, 3 ; 1834, *Examen
critique*, etc., pages 12, 13, 38, 52, 53 ;

2º La quatrième circulaire de *l'Institution de Paris*,
1836, pages, 89, 90, 91, 92 ;

3º PIROUX, 1838-39, *l'Ami des Sourds-Muets*, page 141 ; 1839-40, pages, 54, 55 ; 1840-41, pages 27, etc., 51, 52 ; 1841-42, pages 102, 103 ;

4º VALADE-GABEL, 1839, *Rôle de l'Articulation et de la Lecture sur les Lèvres dans l'Enseignement des Sourds-Muets ;* 1840 et 1845, *Discours* prononcés à la distribution des prix de l'institution de Bordeaux ;

5º BERTHIER, *Discours* de 1842 et de 1849 ; *Observations sur la Mimique,* 1853 ;

6º PUYBONNIEUX, 1849, *Droits des Sourds-Muets à l'Assistance publique ;*

7º Edouard MOREL, 1850, *Annales des Sourds-Muets et des Aveugles,* volume VII, pages 92, 93, 94 ; *Discours* de 1853 et de 1854 ;

8º RAMBOSSON, ancien directeur de l'institution royale de Chambéry, 1853, *Langue universelle ;* 1855, *Langage mimique et écrit,* chapitres II et III ;

9º Léon VAÏSSE, 1865, *Historique et Principes de l'Art d'instruire les Sourds-Muets ;*

10º Claudius FORESTIER, 1883, *Parallèle entre l'Instruction des Sourds-Muets par le Langage des Signes et leur Enseignement par l'Articulation artificielle ;*

11º L'Abbé LAMBERT, 1884-85, *Lettres au Président du Congrès des Instituteurs de Sourds-Muets.*

Qu'il me soit permis de citer particulièrement l'autorité de M. Valade-Gabel qui fut bien placé pour comparer la méthode d'instruction par la mimique avec la méthode d'instruction par la parole, puisqu'il professa d'après ces deux méthodes.

« L'isolement des sourds-muets, » dit-il dans son discours de réception à l'académie des sciences, belles-lettres et arts de Bordeaux, « n'est pas, comme on « pourrait le croire, le fait de leur infirmité seule. « C'est aussi la triste conséquence de la négligence « que nous avons mise à cultiver un langage qui ne « ressemble en rien à la parole et qui, pourtant, n'est « inférieur à celle-ci, ni pour la vérité, ni pour la « force, ni pour la grâce, ni pour l'abondance.

« Quelques-uns de mes auditeurs ne verront, peut-« être, dans cette assertion qu'un sophisme hasardé « pour remplir une phrase ambitieuse.

« Ceux-là ne se sont jamais trouvés au sein d'une « assemblée nombreuse, uniquement formée de sourds-« muets lettrés et illettrés ; ils n'ont point été frappés « de la prodigieuse activité de ces hommes, de leur « physionomie transparente et mobile, de leurs re-« gards avides et pénétrants, de l'expression de bon-« heur qui respire dans tous leurs traits, lorsque, dans « ces réunions de famille, ils célèbrent l'anniversaire « de leur bienfaiteur, de leur père, du génie que la « providence envoya pour opérer leur réhabilitation « morale.

« Il suffit, en effet, d'avoir assisté au banquet qu'un
« sentiment pieux renouvelle chaque année le jour qui
« vit naître l'abbé de l'Epée, ou de s'être trouvé dans
« toute autre grande réunion de sourds-muets, pour
« sentir qu'il nous manque, à nous aussi, un moyen
« de communication. Dans ces circonstances, les
« sourds-muets instruits ou non instruits n'ont plus
« rien à nous envier ; à la parole qui analyse, n'ont-
« ils pas substitué le signe naturel qui peint ?.....
« Leurs pensées s'échappent à flots, revêtues des for-
« mes les plus pittoresques, des couleurs les plus
« chaudes, des tournures les plus hardies, tandis que
« nos idées restent comme suspendues et que, sim-
« ples spectateurs, nous trouvons à peine le moyen de
« manifester notre surprise et notre étonnement . .

. . . .

. . . .

« C'est en vain que, dans les écoles, on a voulu
« contraindre ces enfants à méconnaître les inspira-
« tions de la mère commune et à renoncer au langage
« qu'elle leur inspire ; en vain tenterait-t-on encore
« de les obliger à avoir exclusivement recours à d'au-
« tres moyens d'instruction ! Un instinct secret les fait
« se rattacher aux signes naturels ; ils en conservent
« entre eux comme une religieuse tradition. Que de
« faux systèmes parviennent à en altérer la pureté, ou
« même à les défigurer entièrement : rentré dans le

« monde, vous verrez le sourd-muet restituant son
« culte au langage qui, dans la première enfance, con-
« tribua le plus à former son cœur, qui, plus tard,
« commença à dissiper en lui les ténèbres de l'igno-
« rance, et qui, à toute époque, continuera de lui of-
« frir, par des rapports intimes avec son organisation,
« ses besoins et ses habitudes, une source inépuisable
« d'instruction et de jouissances, chaque fois qu'il se
« trouvera réuni à ses compagnons d'infortune. »

Ces lignes, empreintes de sagacité, vraies au mo-
ment où l'auteur les a écrites, sont encore vraies
maintenant que la mimique est bannie de l'enseignement officiel. C'est une critique modérée, mais puis-
sante de la méthode orale pure qui, triomphante
aujourd'hui, tombera demain, car la vérité finit toujours par s'imposer. Un écrivain, qui est la gloire
des lettres, n'a-t-il pas dit aussi : Chassez le naturel, il
revient au galop.

Je ne passerai pas non plus sous silence la thèse de
doctorat soutenue, le 12 décembre 1837, devant la
faculté de médecine de Paris, par Camille Doumic,
frère d'un sourd-muet; les discussions qui eurent lieu
au sein de l'académie de médecine, notamment les
31 mai et 21 juin 1853, à propos des innovations du
docteur Blanchet ; le résumé impartial et lucide de ces
débats par le docteur Menière, décédé médecin de
l'institution nationale de Paris; et l'opuscule, publié

en 1869, par le père d'une sourde-muette, M. le comte
de Champagny, de l'académie française, sur la condi-
tion civile des sourds-muets, opuscule où, en même
temps, est traitée, avec une rare profondeur, la question de leur éducation.

On ne contestera point la compétence de ces
hommes dévoués et désintéressés ; ils ont su apprécier
l'influence du langage naturel des signes, langage qui
exprime bien et tous les besoins de la vie et tous les
sentiments du cœur de l'homme, que chacun parle se-
lon son inspiration, et qui rend compatriotes les étrangers les plus éloignés. Il remplit à la fois le rôle de la
parole et le rôle de l'ouïe. Faisons nos efforts pour le
propager davantage et le vulgariser enfin parmi les
entendants-parlants. Le muet sera arraché à l'isolement ; les préjugés dont il est l'objet tomberont rapi-
dement ; une communication sympathique s'établira
entre lui et la société ; tous le comprendront, même
s'il est illettré, comme il comprendra tout le monde.
Un nouveau progrès sera fait, et un service réel sera
rendu à l'humanité.

Mon travail était terminé, quand j'ai pris connais-
sance du discours prononcé, par un professeur de l'institution nationale des sourds-muets de Paris, à la distribution des prix de 1887. Dans ce discours, dû à la

plume d'un homme partisan de l'articulation, on lit :

« La vérité est que la parole de la plupart de nos
« élèves ne rappelle que de loin celle de leurs frères
« entendants ; la vérité est, qu'en dépit de nos efforts,
« les sourds ne seront jamais que des sourds, et qu'ils
« resteront, de par la dure loi de leur naissance, des
« invalides de la parole.

. . . .

. . . .

« Pour les comprendre, il faudra parfois de la com-
« plaisance, il faudra les deviner un peu . . . .

. . . .

. . Quelque étrange et bizarre que leur accent puisse
« vous sembler en certains cas, gardez-vous d'en rien
« paraître devant eux . . . .

. . . .

« Chez ces jeunes élèves, il est vrai, la vue a
« suppléé l'ouïe, et ils ont acquis le triste privilége
« d'entendre avec leurs yeux. S'en suit-il qu'ils com-
« prendront tout ce que vous leur direz ? Gardez-vous
« de cette illusion . . . .

. . . .

. . . Ils auront beau répéter vos paroles : s'ils n'en
« connaissent déjà le sens, elles ne seront pour eux
« que de vains sons. C'est pourquoi vous ne pourrez
« employer dans vos entretiens que des mots qui leur
« soient familiers. . . . . »

Ainsi donc on avoue, — et on remarquera la valeur considérable de cet aveu sorti d'une bouche officielle, — que la parole artificielle obtenue diffère beaucoup de celle des entendants. On ajoute qu'il faudra quelquefois deviner les sourds parlants qui, de plus, ont un accent bizarre et étrange; enfin, on prie les personnes avec lesquelles ils entreront en conversation, de ne se servir que de mots connus d'eux.

Pense-t-on que, dans ces conditions, ceux à qui le sourd s'adressera, lui parleront volontiers? Les parents, les amis intimes y mettront de la complaisance, comme cela s'est toujours vu; ils écouteront avec indulgence, ils répéteront plusieurs fois les mêmes mots. Mais les simples connaissances, les étrangers auront-ils la même complaisance, la même indulgence, la même patience? Ce serait bien mal connaître le monde que de le croire. On ne parlera pas avec un pauvre individu privé de l'ouïe, s'il faut se donner de la peine pour s'en faire comprendre. Et, en fait, c'est ce qui arrive tous les jours.

On lui met dans les mains un instrument dont il ne peut faire usage. Voilà un joli résultat qu'on appelle progrès!

Alors, que fera le sourd? Cherchera-t-il à communiquer par écrit? Mais il faudrait qu'il fût en état de le faire, et on sait qu'instruit seulement par la méthode orale pure, il le fera moins facilement que s'il était instruit par l'ancienne méthode.

Il est dans le caractère de l'homme, qui en fait une question d'amour-propre, de ne pas vouloir revenir sur ce qu'il a proscrit, même quand il reconnaît s'être trompé. Mais les successeurs changent souvent ce que les prédécesseurs ont établi.

L'enseignement par la méthode des signes retrouvera un jour la faveur qu'il n'aurait jamais dû perdre, la mimique étant le miroir réflecteur de l'intelligence du sourd-muet. Avec cette mimique, dont le domaine est aussi vaste et aussi varié que la nature, on ne se renferme point dans des limites ; on n'a même pas besoin de s'en tenir au vocabulaire de l'élève, de faire un choix de mots ou de phrases ; on peut l'entretenir de tout, et on voit sur-le-champ si l'on est compris.

L'articulation ne peut être profitable, on ne saurait trop se le rappeler, qu'à quelques privilégiés, à ceux qui ont joui de l'ouïe et qui ont un assez bon organe, et non point aux vrais sourds-muets.

Paris, le 15 Novembre 1887.

Paris. Imp. D. Daubourg, 99, boulevard Beaumarchais.